Michael Te

La Priere Puissante

Michael Te

La Priere Puissante

changer vos réalités par la prière

Éditions Croix du Salut

Impressum / Mentions légales
Bibliografische Information der Deutschen Nationalbibliothek: Die Deutsche Nationalbibliothek verzeichnet diese Publikation in der Deutschen Nationalbibliografie; detaillierte bibliografische Daten sind im Internet über http://dnb.d-nb.de abrufbar.
Alle in diesem Buch genannten Marken und Produktnamen unterliegen warenzeichen-, marken- oder patentrechtlichem Schutz bzw. sind Warenzeichen oder eingetragene Warenzeichen der jeweiligen Inhaber. Die Wiedergabe von Marken, Produktnamen, Gebrauchsnamen, Handelsnamen, Warenbezeichnungen u.s.w. in diesem Werk berechtigt auch ohne besondere Kennzeichnung nicht zu der Annahme, dass solche Namen im Sinne der Warenzeichen- und Markenschutzgesetzgebung als frei zu betrachten wären und daher von jedermann benutzt werden dürften.

Information bibliographique publiée par la Deutsche Nationalbibliothek: La Deutsche Nationalbibliothek inscrit cette publication à la Deutsche Nationalbibliografie; des données bibliographiques détaillées sont disponibles sur internet à l'adresse http://dnb.d-nb.de.
Toutes marques et noms de produits mentionnés dans ce livre demeurent sous la protection des marques, des marques déposées et des brevets, et sont des marques ou des marques déposées de leurs détenteurs respectifs. L'utilisation des marques, noms de produits, noms communs, noms commerciaux, descriptions de produits, etc, même sans qu'ils soient mentionnés de façon particulière dans ce livre ne signifie en aucune façon que ces noms peuvent être utilisés sans restriction à l'égard de la législation pour la protection des marques et des marques déposées et pourraient donc être utilisés par quiconque.

Coverbild / Photo de couverture: www.ingimage.com

Verlag / Editeur:
Éditions Croix du Salut
ist ein Imprint der / est une marque déposée de
OmniScriptum GmbH & Co. KG
Heinrich-Böcking-Str. 6-8, 66121 Saarbrücken, Deutschland / Allemagne
Email: info@editions-croix.com

Herstellung: siehe letzte Seite /
Impression: voir la dernière page
ISBN: 978-3-8416-9950-3

Copyright / Droit d'auteur © 2015 OmniScriptum GmbH & Co. KG
Alle Rechte vorbehalten. / Tous droits réservés. Saarbrücken 2015

LA PRIERE PUISSANTE

MICHAEL C. TE

Dédicaces

A mon épouse Marina

Merci pour ton soutien et ton encouragement qui m'ont été indispensable pour achever cet ouvrage.

INTRODUCTION

Cet ouvrage n'a pas pour vocation de gonfler le nombre important d'écrits sur le sujet de la prière, ou de servir de guide ou recueil de prière. C'est plutôt une lucarne ouverte pour vous conduire dans un niveau supérieur de compréhension à propos de ce qu'est la prière et comment l'exercer efficacement, afin d'en tirer de grands résultats.

En effet, tout au long des saintes écritures, le seigneur exprime d'une manière manifeste son désir d'exaucer la prière. David s'exprimant à ce sujet dis dans le 65ème chapitre des psaumes, au verset deuxième, que Dieu est le Dieu qui écoute la prière et que tous les hommes viendront à lui. La manière dont la chose est exprimée nous donne de comprendre qu'il est dans la nature de Dieu de prêter attention à la prière en vue de l'exaucer.

Ainsi donc Dieu s'attend à ce que nous priions ; il le désire et le déclare ainsi : « Priez sans cesse ! 1thessaloniciens 5 : 17 ». S'il veut que nous prions sans cesse, c'est parce qu'il n'a de cesse de prêter attention à nos prières. Il ne s'en lasse point. Et la garantie que Dieu est permanemment à l'affut, écoutant nos prières pour les exaucer, devrait être une puissante motivation pour nous livrer à la prière.

Toutefois force est de constater que la prière n'est pas chose aisée chez la plupart des enfants de Dieu. Elle s'avère être une tâche difficile. Ainsi pouvons-nous entendre plusieurs chrétien affirmer : » je veux prier, mais je n'y arrive pas », ou autres choses dans ce genre. Cela soulève une question ; pourquoi plusieurs d'entre nous n'arrivent pas à prier ou à le faire d'une manière soutenue ?

Le fait est que Satan s'oppose farouchement à la prière. Aussi vrai que Dieu veut que nous puissions vivre la prière avec grâce et force, l'ennemi, lui, le redoute. Je peux vous assurer qu'il ne nous craint pas pour notre nombre d'année d'ancienneté dans l'église, nos titres ou responsabilité. Que nous soyons pasteurs ou diacres ou autres choses, il n'en est point dérangé tant que notre vie spirituelle manque de puissance et de dynamisme à cause de l'absence de prière. Mais il craint que nous puissions nous lever dans la prière car alors nous devenons un danger pour lui. Car par la prière nous pouvons faire échouer ses projets, annuler ses desseins, remporter les batailles qu'il nous impose, faire avancer l'œuvre de Dieu, accomplir notre destinée, atteindre nos objectifs, réaliser nos rêves, dominer, être épanouis, etc…

Constatez donc que les possibilités que nous offre la prière sont illimitées.

Par elle vous pouvez changer les réalités de votre vie. Vivre l'accomplissement des promesses divines. Elle vous permet de moduler les choses. Par la prière vous pouvez influencer en votre faveur ou transformer n'importe quelle situation. Elle peut vous permettre de passer de la maladie à la guérison, de la pauvreté à la richesse, du manque à l'abondance, de l'échec au succès. Et ce qu'il y'a de plus merveilleux c'est que son champs d'action n'est pas limitée. La prière est utile à tous les domaines. Il n'y a aucune situation qui ne puisse être changée par la prière. Elle est puissante.

Comprenez donc pourquoi Satan craint les hommes et les femmes qui prient. Le complot qui a été fomenté contre Daniel (Daniel 6), ne visait qu'un seul objectif : l'empêcher de continuer à prier. Il était un homme pieux dans la prière, qui priait trois par jour. Dans le pays où il était arrivé en tant qu'esclave, il avait fini par devenir un membre du gouvernement ; grâce à sa résolution et à la prière. L'adversaire voulait alors le déconnecter de cet élan à tout pris car il savait que si Daniel ne priait plus, il ne pourrait plus obtenir de tels résultats. Car en effet la prière nous permet d'obtenir des résultats divins. Avez-vous jamais fait le constat qu'à chaque fois que vous décidez de prier il arrive quelque chose (visite inopiné, coup de fil, situation décourageante, fatigue, etc.) qui vous empêche d'aller jusqu'au bout ? Toutefois, Daniel ne s'est pas laissé arrêter ; car il avait compris la valeur et la puissance de la prière, ce qui lui a d'ailleurs permis de sortir vivant de la fosse aux lions.

Croyez moi : IL Y'A UN GRAND POUVOIR DANS LA PRIERE !

Et au travers de ces lignes nous prions que le saint esprit vienne vous conduire dans une dimension encore inexplorée de la prière et que vos progrès soient évidents.

Prière

Avant de continuer, je vous invite à prendre cinq minutes pour prier et demander au Seigneur de vous aider par son Saint Esprit à avoir une vie de prière constante et victorieuse dès aujourd'hui. Amen !

LE CONCEPT DE LA PRIERE

« Tu le prieras et il t'exaucera... ». Job 22 : 27

A ce stade nous voulons nous interroger et réfléchir sur le sens de la prière. Il est de bonne augure de chercher à comprendre clairement la chose dans laquelle on veut s'engager car ainsi nous sommes en mesure d'y exceller.

La prière est définie par le dictionnaire comme un acte codifié ou non, collectif ou individuel par lequel une requête est adressée à Dieu

Elle est quelque chose dont on entend parler assez fréquemment dans nos églises. Si bien qu'elle a fini par prendre un sens purement religieux et traditionnel. Tout le monde sait qu'il faut prier avant de manger, avant de dormir, etc. alors on prie d'une manière machinale, sans aucune profondeur. Certains vont jusqu'à réciter des prières. On trouve aujourd'hui des prières ''préécrites'' pour tel ou tel besoin, des recueils de prières ou autres choses de ce genre.

Parfois la motivation de ces choses n'est pas mauvaise, mais elle détourne le chrétien du sens fondamentale de la prière et parfois lui donne un aspect d'incantation creuse. Ainsi détournée de son essence, elle perd de sa puissance et devient improductive. Cela engendre beaucoup de frustrations chez les enfants de Dieu car la plupart de leurs prières demeure inexaucée. Voici pourquoi il nous est important de revenir aux éléments de base de la prière

Un moyen de communication

En vérité, la prière est un moyen de communication que Dieu donne à l'homme pour l'atteindre ; pour lui parler et lui exprimer l'état de son cœur. Oui, il est important de comprendre dès les débuts de notre marche chrétienne que par la bible, Dieu nous communique ses pensées et nous, nous lui communiquons les nôtres par la prière.

Il est claire que Dieu dans son préscience sait tout, connais tout, vois tout. Il veut cependant que nous puissions communiquer avec lui. Il veut que nous lui parlions, que nous l'invoquions. Il est notre père et en tant que tel ; il désire une intimité avec ses enfants que nous sommes. C'est en cela que la prière prend tout son sens. Il est question d'un enfant qui parle à son papa.

Dieu dit : « invoque moi et je te répondrai...Jérémie 33 :3 ». Jésus parlant à ses disciples leur dit : « voici comment vous devez prier... jean 6 :9 ». Ces textes nous révèlent clairement que l'initiative de la prière n'est pas humaine mais divine. C'est-à-dire que c'est Dieu qui eut à cœur que l'homme le prier. En effet, Dieu veut que nous priions ; il nous le demande.

Quelqu'un serait peut être tenté de me demander pourquoi il veut que nous vaquions a la prière vu qu'il est omniscient et qu'il connaît ce qui est dans notre pensée sans qu'on est besoin de l'exprimer. Et bien je répondrai à cela que lorsque nous prions nous entrons dans la présence de Dieu. Or justement, Dieu veut que nous soyons proches de lui, dans sa présence. Il veut communier avec nous. Et la prière en est le moyen par excellence. Alléluia !

Donc quand nous prions, nous communiquons avec Dieu. C'est un moyen de communication que le père met à notre portée et il veut que nous l'utilisions sans modération.

Connexion avec Dieu

Si la prière est un moyen de communication, elle nous permet de pouvoir maintenir le contact avec le ciel et cela est d'une importance capitale. Pourquoi ? Et bien parce que Dieu est notre source. Notre source de tout. C'est de lui que nous tenons la force pour marcher selon sa volonté. C'est par son esprit que nous pouvons vivre sa vie. C'est encore lui notre pourvoyeur. Celui qui prend soin de nous. Il est notre berger.

Ce que je veux dire c'est qu'en réalité nous ne somme rien sans Dieu. Nous avons donc besoin de rester connecté à lui par la prière. Elle devient alors un câble par lequel nous sommes reliés au père. Ainsi, nous pouvons, en lui, puiser notre force pour avancer.

La prière est donc un acte fondamental de la vie chrétienne et elle est précieuse au cœur de Dieu. Elle introduit un dialogue entre le naturel et le surnaturel, entre le divin et l'humain, entre le visible et l'invisible. Elle nous permet un contact de cœur à cœur avec le Seigneur.

C'est ainsi que vous devez la concevoir et la pratiquer. Alors elle vous permettra de vous délecter de moment merveilleux avec Dieu. Et votre vie en sera radicalement transformée.

Prière

Dite à Dieu que vous aimeriez établir une forte relation avec lui au travers de la prière dès cet instant, et que son Saint Esprit qui nous fortifie tous vienne vous aider à y arriver.

LES DIFFERENTS TYPES DE PRIERE

« *Faites en tout temps par l'esprit toutes sortes de prières et de supplications. Veillez à cela avec une entière persévérance...* »

Ephésiens 6 : 18

«Notre père qui es aux cieux ! Que ton nom soit sanctifié ; que ton règne vienne ; que ta volonté soit faite sur la terre comme au ciel. Donne nous aujourd'hui notre pain quotidien ; pardonne nous nos offense, comme nous pardonnons à ceux qui nous ont offensés ; ne nous induis pas en tentation, mais délivre nous du malin. Car c'est à toi qu'appartiennent, dans tous les siècles, le règne, la puissance et la gloire. Amen. »

Matthieu 6 : 9-13

Dans ce chapitre, abordons ensembles les différentes ramifications de la prière.

En effet, les textes bibliques mentionnés ci-dessus nous donne de comprendre qu'il existe différents types de prière. En nous en inspirant nous avons pu les répertorier ; et nous nous proposons de les étudier les uns après les autres afin de vous aider à les reconnaitre et à vous y exercer convenablement.

La prière de demande ou requête

La requête, sens propre du mot prière, est le fait de demander tout simplement à Dieu. En effet le Seigneur nous invite à ne point nous inquiéter ; mais à lui présenter nos besoins et il prendra soin de nous les accorder.

C'est la forme de prière la plus connue et la plus pratiquée.

John Wesley a dit un jour : « il semble que Dieu soit limité par notre vie de prière, qu'il ne peut rien faire pour l'humanité à moins que quelqu'un ne lui demande ».

La prière de remerciement ou d'action de grâce

C'est la prière par laquelle l'on exprime notre reconnaissance à Dieu pour ses bienfaits dans nos vies ; pour les grâces qu'il nous accorde.

La prière de repentance

Il est question ici de confesser nos péchés devant le Seigneur avec un cœur repentant et lui demander pardon. La bible nous enseigne que Dieu est prêt à pardonner nos fautes si nous les avouons et les délaissons.

La prière de louange

Louer Dieu c'est l'honorer pour ses hauts faits ; pour les grandes choses qu'il accompli dans nos vies. C'est le célébrer pour ses œuvres. La louange ouvre notre pensée sur la bonté de Dieu.

2 Samuel 22 : 50 « je te louerai parmi les nation, oh Eternel ! Et je chanterai à la gloire de ton nom ».

La prière d'adoration

Matthieu 4 : 10 « tu adoreras le Seigneur, ton Dieu, et tu le serviras lui seul ».

La prière d'adoration consiste à proclamer ce que Dieu est ; lui affirmer notre amour et notre admiration.

L'adoration est vitale parce qu'elle ouvre notre esprit sur la grandeur de Dieu.

La prière d'intercession

Ce type de prière est précieux et cher au cœur de Dieu. L'intercession est le ministère que Jésus exerce depuis sa résurrection et son retour auprès du père. « Il est ressuscité, il est à la droite du père, et il intercède pour nous » Romains 8 : 34.

La prière d'intercession consiste à prier en faveur des autres, de l'église et tout autre sujet de prière qui n'est pas directement en rapport avec nous. Il s'agit de porter le fardeau d'autrui devant le Seigneur. C'est une forme de prière très noble et très recherchée par le Seigneur. Car la plupart des gens prie pour eux même. Mais rare sont ceux qui plaident devant Dieu en faveur des autres.

La prière de combat spirituel

Ephésiens 6 : 12 « *car nous n'avons pas à lutter contre la chaire et le sang, mais contre les dominations, contre les autorités, contre les princes de ce monde des ténèbres, contre les esprits méchants dans les lieux célestes* ».

Les luttes et les combats auxquels nous sommes soumis en tant qu'enfant de Dieu ne sont pas d'ordre charnel ou naturel. Notre ennemi est spirituel, d'où la nécessité de le combattre spirituellement au travers de la prière de combat spirituel. Elle nous permet de nous opposer aux actions du diable dans nos vies, nos familles, nos nations, etc. ; et de les détruire.

La prière de supplication

La supplication est une prière ardente et insistante, exprimée dans la conscience que celui à qui nous la présentons est puissant et à mesure d'y répondre. La supplication évoque la pensée de la nécessité absolue d'obtenir la chose implorée, bien que l'humilité et la soumission soient la requise dans de telles prières. Daniel pouvait dire : « écoute, oh notre Dieu, la prière de ton serviteur et ses supplications… ce n'est pas à cause de notre justice que nous nous présentons devant toi mais à cause de tes grandes compassions » (Dan 9 :17). « Prêtes l'oreille oh Eternel, à la voix de mes supplications », dit David (Ps 140 : 6).

Prière

Demandez au saint esprit de vous aider à persévérer dans toutes sorte de prière avec ferveur afin d'obtenir du résultat dans tous les domaines de votre vie.

LES DIFFERENTS NIVEAU DE LA PRIERE

« Demandez, et l'on vous donnera ; chercher et vous trouverez ; frappez, et l'on vous ouvrira »

(Matthieu 7 : 7).

Nous avons pu constater une certaine gradation dans la prière ; un changement de degré d'intensité, en fonction de l'objet recherché. Cela s'articule autour de trois niveaux majeurs :

Le premier niveau

Nous avons appelé ce premier niveau, le niveau de la ''demande''. C'est le niveau le plus simple de la prière, c'est le point de départ. « …demandez et vous recevrez » (jean 16 : 24), a dit Jésus. Quoi de plus simple que de demander ? Vous conviendrez avec moi que le fait de demander n'engendre pratiquement aucun effort. En Matthieu 7 :7, il est dit de demander *et l'on vous donnera*. La réception de l'objet demandé ne nécessite aucun effort de notre part à ce premier niveau de la prière. C'est « l'on » qui nous donnera ; c'est-à-dire Dieu, au travers des différents canaux qu'il pourrait utiliser. A ce niveau nous constatons l'amour de Dieu pour le père pour ses enfants. Car aucun père ne demande pas d'efforts a ses enfants avant de lui donner des éléments basiques telles que la nourriture, le vêtement et les diverses besoin. Ce niveau de la prière donc s'applique aux besoins de bases de tout homme.

Mais il existe un niveau de prière plus élevé ; qui est en rapport avec des défis plus important qui se présente à nous. Nous l'appelons le deuxième niveau de la prière.

Le deuxième niveau

Au début de votre conversion vous avez pu constater que vous ne faisiez presqu'aucun effort dans l'exaucement des choses que vous demandiez. Vous n'étiez soumis à aucune lutte. Mais, en vous maturisant dans la foi, vous avez certainement remarqué que vos prières devaient être plus corsées par rapport aux choses importantes de votre vie. Ces trois niveaux de la prière renvoient en fait aux trois niveaux de la croissance spirituelle selon 1 Jean 2 : 13. A savoir : enfants, jeunes gens, pères.

Le niveau de l'enfance suggère l'idée du début ; donc le premier niveau de la prière. Mais en grandissant spirituellement et aspirant à un plus grand type d'exaucement, nous devons commencer à opérer dans le deuxième niveau de la prière : le niveau du ''frapper''. « Frappez et l'on vous ouvrira » (Mat 7 :7).

Il est question ici de frapper, comme pour qu'une prote vous soit ouverte. Mais cela nécessite plus d'effort que de demander dans la mesure où cela engage une activité musculaire. C'est le niveau de la prière ou nous avons besoins de voir des portes s'ouvrir ; mais les clefs ne sont pas en notre possession. Alors la notion d'insistance entre en jeux. En Luc 18 nous voyons comment une veuve importune un juge inique, car c'est lui qui possédait la clef pour ouvrir la porte de la solution qu'elle recherchait. Cette attitude téméraire de la part de cette veuve fit céder le juge.

Vous pouvez être en face de situation ou vous êtes confrontés à des personnes physiques ou spirituelles qui détiennent la clef de ce que vous recherchez, alors il faut frapper avec insistance, avec hargne dans la prière, jusqu'à ce que ces personnes lâchent prise et vous ouvre la porte que vous désirez.

C'est la prière importune, qui dérange et contrains l'ouverture des portes fermées. Jésus met en situation ce type de prière en Luc 11 :5-8. Par l'insistance de la prière importune, l'on vous ouvrira les portes dont vous ne possédiez pas les clefs.

Le troisième niveau de la prière

Aux deux niveaux précédent, l'obtention de l'objet demandé extérieur à nous. C'est-à-dire que si vous demandez, l'on vous donnera ; si vous frappez, l'on vous ouvrira. Mais à ce niveau, à savoir le niveau de la « recherche », vous devez chercher jusqu'à ce que vous-même vous trouviez. Personne ne trouvera pour vous la chose recherchée. C'est le type de prière ou les sujets sont en rapport avec l'accomplissement de notre destinée, la réussite de notre vie et l'accomplissement de la mission, à nous, confiée par Dieu sur terre. C'est un niveau qui nécessite une grande maturité spirituelle et une bonne compréhension des principes du royaume.

Car à partir de là, l'intervention de Dieu est fonction de nous, de notre persévérance, de nos résolution. A partir de cette dimension, la terre commande au ciel, et le ciel répond à la terre. Si nous nous arrêtons, Dieu s'arrête. La prière de « recherche » est celle qui nous introduit dans notre destinée prophétique et par laquelle nous pouvons aller aussi loin que notre foi et notre persévérance nous l'autorise.

Plusieurs ont abandonné aux portes de cette dimension, et n'ont pas eu assez de persévérance et de courage pour chercher et trouver tous les trésors que Dieu avait en réserve pour eux. Ainsi ils n'ont pas pu vivre une vie d'impact sur la terre.

Tous les hommes savent qu'il y a des trésors dans la terre. Mais il n'y a que ceux qui les cherchent avec persévérance et diligence qui en jouissent. De même, il n'y a que peu d'enfants de Dieu qui bénéficient de tout leur héritage en Christ ; car la majorité attend encore que cela vienne de soit alors qu'il faut se lever pour le chercher.

En effet il y a plein de trésor qui vous sont échu en tant qu'enfants de Dieu ; mais cherchez les dans la prière, et vous les trouverez.

Prière

Seigneur permes moi de croitre dans ma vie de prière, et d'atteindre un niveau d'excellence, au nom de Jésus. Amen !

LA PLACE DU SAINT-ESPRIT DANS LA PRIERE

«Mais l'Esprit Saint que le père enverra en mon nom, vous enseignera... »,

Jean 14 :26

Un élément sur lequel Jésus insista dans son enseignement, étais le rôle que le saint esprit devrais jouer dans la vie des croyants après son départ. Sa propre vie à lui en a été un modèle, car étant lui-même né par la vertu du saint Esprit, il fut remplis de l'esprit et exerça son ministère par la capacité qu'il avait reçu de ce même esprit. Les disciples avait reçu de lui la recommandation de ne pas commencer l'œuvre avant que l'esprit ne soit entré en opération dans leur vie. L'apôtre Paul parlant du même esprit dit : « je puis tout par celui qui me fortifie ».

Ce qui précède nous interpelle déjà sur l'importance capitale du saint esprit dans tous les aspects de la vie du chrétien. A cet effet donc, il a un rôle à jouer dans notre vie de prière, en tant que notre guide et notre enseignant par excellence. Et son intervention dans notre prière nous est hautement bénéfique.

Inspiré par le Saint Esprit

La prière sans l'esprit est purement intellectuelle. Les sujets sont réfléchis et introduits par notre intellect. Ce qui nous expose aux dangers d'une prière égoïste, aux mauvaise motivations ; donc d'un impact moindre. Mais alors que nous nous connectons au Saint Esprit, il commence à ouvrir notre esprit à nous quand à comment plaider notre cas devant le trône de la grâce de Dieu.

Dans la prière d'intercession ; il vient nous révéler quels sujets pour lesquels il faut prier.

Equipé par le Saint Esprit

Dieu produit en nous, par le Saint esprit, le vouloir et le faire (Phil 2 :13). C'est-à-dire qu'il crée en nous le désir de la prière et nous donne la force de prier. Quand l'esprit vient, plus besoin de chercher ses mots ou de réfléchir au prochain sujet de prière, ou encore de regarder sa montre savoir pour combien de temps on a pu prier. Cela devient une communion entre Dieu et nous par le canal du Saint Esprit. Alors la prière devient passionnante et agréable ; on ne voit pas le temps passer et notre âme est bénie.

Oh je ne saurais vous exprimer combien la prière devient une expérience merveilleuse et intime quand l'esprit de Dieu nous équipe et nous y conduis.

Il donne de la puissance à notre prière et la rend plus productive.

Prier dans la volonté du père

Celui qui nous révèle la pensée et la volonté de Dieu c'est le Saint Esprit. Alors lorsque par lui nous prions, nous le faisons selon la volonté de Dieu. Nous prions donc d'une manière qui convient à Dieu. Ainsi le résultat favorable de cette prière est une absolue certitude.

Aussi l'esprit vient prier avec nous lorsque nous ne savons pas ce qui est convenable de demander dans nos prières. (Rom 8 :26)

Ouvrez donc vos cœurs et invitez l'esprit de Dieu à prier avec vous et à vous conduire. Vous serez introduit dans une atmosphère glorieuse et vous en voudrez toujours plus, plus de la prière, plus de la présence magnifique de notre Dieu.

Prière

Viens Saint Esprit, je veux me laisser conduire et orienter par toi dans la prière. Afin qu'elle ne soit plus pour moi une corvée mais une expérience glorieuse. Amen !

POURQUOI DEVONS NOUS PRIER/ JESUS ET LA PRIERE

« Jésus leur adressa une parabole, pour montrer qu'il faut toujours prier, et ne point se relâcher », Luc 18 :1

La bible nous donne de comprendre que Dieu a tout fait pour un but. Si donc il exprime une telle insistance en ce qui concerne la prière, il y a sans aucun doute une raison à cela.

Ainsi donc dans ce chapitre, nous nous proposons de réfléchir afin de déterminer le pourquoi dans la prière en nous appuyant majoritairement sur la relation de Jésus avec la prière.

Considérons ensemble le texte de Luc 6 :12-13.

Dans ce texte il est dit que Jésus passa toute une nuit à prier sur une montagne, avant de choisir le matin venu, les douze qui devaient être établies comme apôtre. Signalons que Jésus était au démarrage de son ministère et qu'avant cet épisode il avait été conduis dans le désert pour jeuner et prier pendant quarante jours ; après qu'il ait été baptisé par jean baptiste.

Nous pouvons retenir au travers du model de Jésus, qu'avant de commencer une activité importante, il nous faut prendre du temps à la prière. Aussi, avant de prendre une décision importante, ou d'opérer un choix capital, il nous faut prendre du temps à la prière.

Nous voyons donc que la prière avait une place de choix dans la vie et le ministère de jésus, si bien qu'il ne pouvait rien faire sans recourir à la prière. Même ses journées commençaient par la prière.

Nous pouvons déduire de ce constat quelques raisons majeures de la prière :

- Toute activité d'un enfant de Dieu doit être soutenue par la prière ; pour être certain de l'aval de Dieu.
- Prier nous permet de rester dépendants de Dieu
- Prier nous donne de rester connecté à la présence de Dieu.
- Prier active l'intervention divine dans nos réalités.
- Dieu ne peut pas agir s'il n'y a personne qui prie. La prière donc donne un support à l'agissement de Dieu sur terre.
- Prier nous permet de recevoir l'accomplissement des promesses divines dans nos vies.
- Prier nous permet d'être victorieux dans les combats.
- La prière nous permet de communiquer avec Dieu.
- La prière active le ministère des anges pour nous et pour nos proches.
- La prière fait descendre le règne de Dieu.
- La prière permet à la volonté parfaite de Dieu de s'accomplir sur la terre, dans nos vies.

Ces éléments cités ci-dessus, nous donnent de comprendre les raisons pour lesquelles nous devons prier. La prière est donc une nécessité absolue pour le croyant et non un ornement ou une issue de secours.

Plusieurs d'entre nous ne prient uniquement que lorsqu'ils sont en face d'un problème. La prière n'est pas pour eux une activité permanente et constante. Mais Dieu insiste sur le fait que nous devons prier sans cesse et cela à cause de l'importance que cela revêt pour lui et pour nous aussi.

En Ezéchiel 22 :30, le Seigneur déclare : « je cherche parmi eux un homme qui élève un mur, qui se tienne à la brèche devant moi en faveur de ce pays, afin que je ne le détruise pas. Mais je n'en trouve point ».

Dieu nous laisse comprendre par ce texte qu'il a besoin de nos prières pour agir ; voilà pourquoi il désire que nous priions. Notre prière est la substance que Dieu utilise pour agir sur terre. Nous l'avons dit plus haut, elle constitue un support, une marge d'intervention divine. Plus nous prions, plus nous donnons d'espace à Dieu pour agir.

Souvenez-vous que lorsque l'apôtre Pierre fut emprisonné dans le but d'être tué le lendemain (Actes 12), la bible nous dit que l'église ne cessait d'adresser des prières à Dieu en sa faveur. Cela activa une intervention divine surnaturelle, qui fit sortir Pierre de la prison et lui fit échapper au sort funeste qui lui était destiné. Si donc le texte de « Actes 12 », met en relation le fait que l'église priait pour Pierre, et sa miraculeuse libération ; c'est sans aucun doute pour nous montrer que Pierre a eu son salut, grâce à la prière continuelle de l'église à son égard ; et que c'est cette prière qui a activée le plan de délivrance divin en faveur de Pierre. En d'autres termes, si personne ne priait pour lui, il serait probablement mort, comme Jacques, frère de Jean, l'avait été précédemment.

Bien aimés dans le Seigneur, c'est en cela que réside l'importance de la prière ; et c'est la raison pour laquelle la bible parle si abondamment de la prière. C'est pour cela que tant d'écrits ont été suscités par Dieu sur ce sujet ; et que nous avons été motivé à y revenir encore dans ce présent ouvrage.

La prière, une arme de choix
Nous voulons présenter une autre raison capitale pour laquelle il est primordial pour nous de prier.

En effet, la prière est une arme puissante que Dieu dépose entre nos mains, capable de maintenir en échec tout adversaire et de nous établir victorieusement au-dessus de toute circonstance ; si nous l'utilisons à bon et séant.

Dans l'ancien testament, nous voyons que la prière associée au jeune est l'arme qu'Esther et Mardochée utilisèrent pour vaincre le plan de destruction d'Haman qui planifiait un génocide contre les juifs.

Dans le nouveau testament, il nous est enseigné que le combat que nous menons n'est pas charnel mais il spirituel, et que c'est contre des entités spirituelle que nous avons à lutter. Et l'une des armes majeures que nous avons pour le combat spirituel est la prière.

Les combats qui vous sont imposés, peuvent et doivent être remportés par la prière. La bible dit, voici je vous ai donné le pouvoir de marcher sur les serpents, les scorpions, et sur toute la puissance de l'ennemi ; et rien ne pourra vous nuire (Luc 10 :19). Eh bien ce pouvoir, ou cette autorité, s'exerce au travers de la prière.

Puisse cette interpellation trouver écho favorable dans vos cœur, afin qu'une révolution se produise en vous, pour que vous vous leviez pour activer la prière. Alors un puissant mouvement du surnaturelle prendra place pour changer vos réalités et celles de votre monde.

Prière

Seigneur je veux devenir un homme (une femme) de prière. Je veux que la prière devienne dans ma vie, une activité constante et productive. Amen !

L'EFFICACITE DANS LA PRIERE

«…La prière fervente du juste a une grande efficacité »

Jacques 5 :16

La prière dans son sens basique, consiste en un système d'action et de réaction. C'est-à-dire que lorsqu'une personne pose l'action de la prière, elle s'attend à voir une réaction de la part de la personne ou la divinité à laquelle la prière est adressée.

En d'autres termes, la prière n'a aucune valeur si elle ne produit pas de résultats. Lorsque nous prions, nous exprimons des attentes, nous poursuivons des buts, nous présentons nos besoins, nos requêtes, etc. mais quoi que ce soit que nous exprimions dans notre prière, nous espérons d'emblée, obtenir une réponse.

Mais combien d'entre nous sont allés de déception en déception à cause de multiples prières inexaucées. Plusieurs ont jetés l'éponge car ayant l'impression que prier ne sert à rien, parce qu'ils l'ont fait sans voir de résultats.

Or, la volonté parfaite de Dieu est d'exaucer la prière. Et la bible nous donne un certain nombre d'éléments qui nous permettent de comprendre les principes d'une prière efficace et active, qui produit résultats et satisfaction à l'enfant de Dieu.

Considérons quelques personnages bibliques, qui ont obtenu de grands résultats dans la prière ; et voyons quels sont les principes qu'ils ont mis en œuvre pour prier avec autant d'efficacité.

Le cas d'Elie

Dans 1 Rois, au chapitre 17, nous voyons apparaitre un homme inconnu de tous, à priori : Elie, le thischbite, l'un des habitants de Galaad. Un homme apparemment ordinaire, qui tient une déclaration extraordinaire, au roi qui plus est : » il n'y aura ces années-ci ni rosée, ni pluie; sinon à ma parole.

Une déclaration qui n'a pas été prise au sérieux de prime abord, mais qui en fin de compte s'est réalisée car, il n'y eu plus de pluie pendant trois ans et six mois.

Est-ce juste la déclaration de cet homme qui a produit autant d'impact ; ou y avait-il une force à l'œuvre derrière ? Nous trouvons réponse à cela dans la manière dont Elie s'y est pris pour que la revienne après plus de trois ans de sècheresse. Il pria ! Il pria sept fois de suite avec persévérance, en espérant un signe qui lui annoncerait le retour de la pluie.

L'apôtre Jacques nous en donne confirmation de ce fait en nous disant qu'Elie était un homme de la même nature que nous. Mais il pria avec *'instance"* pour qu'il ne plut point, et il ne tomba point de pluie sur terre pendant plus de trois ans.

Ainsi donc, la raison pour laquelle la déclaration d'Elie connue son accomplissement est que celle-ci fut soutenue par la prière. Et la raison pour laquelle Elie put faire revenir la pluie a été encore la prière.

Mais quel type de prière ? L'apôtre Jacques nous dit qu'il pria avec INSTANCE. C'est un terme qui se défini comme l'action presser vivement.

Elie a donc travaillé activement à la prière afin de voir ce prodige arriver. Et l'élément qui a rendu sa prière aussi productive c'est l'instance avec laquelle il a prié. Ce qui consiste à prier continuellement et sans discontinuer parce qu'on veut voir une chose arriver immédiatement, ou très rapidement. C'est presser Dieu dans la prière pour qu'il agisse maintenant.

Le cas de Daniel

Daniel est l'un des personnages de la bible dont l'histoire est particulièrement édifiante. Lui qui arriva dans une terre étrangère, Babylone, comme esclave, et fini par devenir la personnalité la plus influente après me roi.

Son histoire nous apprend comment il est resté intègre envers le Seigneur, bien qu'étant sur une terre ou tous vivait loin de Dieu. Il résolu de ne pas se souiller. Il vivait consacré à l'Eternel. Il priait trois fois par jour malgré ses multiples occupations. Et même quand il avait été mis en garde quant à la prière, il continua quand même au risque de sa vie. Mais nous voyons au travers de sa vie et de ses expériences que la prière fut pour lui a appuis constant une solution pour tous les problèmes qui se présentèrent à lui.

Le caractère particulier de sa prière était la CONSTANCE, et cela a été déterminant dans l'accomplissement de sa destinée.

Le cas d'Anne

Anne est cette femme dont la bible nous présente l'histoire dans le livre de 1 Samuel. A l'origine c'est une femme stérile qui souffre le martyr à cause des mortifications de sa coépouse. Elle a longtemps prié pour avoir un enfant, mais sans changement; jusqu'à ce qu'elle prie différemment. Alors son statut changea et elle enfanta Samuel qui une icône dans l'histoire d'Israël.

Le fait est que sa prière était résolue et décidée ; il fallait que sa situation change. Alors elle trouva dans sa prière un argument qui changea la donne et provoqua l'intervention immédiate de Dieu.

Elle fit un '' vœu'' a l'Eternel et il lui répondit favorablement. La clé de son exaucement résidait de ce vœu.

Le cas de la veuve en Luc 18

Une veuve sans personne pour la défendre se retrouve dans une situation ou la seule personne étant à mesure de l'aider se trouve être un juge inique, n'ayant égard pour personne. Ce juge refuse de faire justice à la veuve. Mais celle-ci n'en démordra pas. La bible raconte que chaque jour elle rappelait son problème au juge si bien que celui-ci ayant assez d'être importuné par la dame, lui accorda gain de cause.

La prière IMPORTUNE de cette femme veuve et sans défense lui valut d'avoir raison d'un homme de pouvoir.

Le cas de Jésus

L'un des traits particulièrement marquant de Jésus lorsqu'il priait le père, était la certitude de l'exaucement avec laquelle il le faisait. Pour lui, la probabilité pour que sa prière échoue était nul. Il savait que son père l'écoutait toujours. Devant la tombe de Lazard (Jean 11), il le déclare publiquement en disant : « père, je sais que tu m'exauce toujours ».

Cette attitude de Jésus scandalisait les gens de son époque. Car pour eux la certitude de l'exaucement à leur prière était aléatoire. Mais pour Jésus, cela ne faisait aucun doute, son père exauçait toujours sa prière. Et c'est dans cet état d'esprit qu'il priait.

Les résultats qui étaient obtenue par Jésus dans la prière étaient donc fonction de l'état d'esprit dans lequel il priait, c'est-à-dire l'ASSURANCE.

En effet ce n'est pas tant la prière que Dieu exauce, mais c'est l'état de cœur de la personne qui prie que Dieu exauce. Hébreux 11 :6 dit que sans la foi, nul ne peut être agréable à Dieu et que celui qui s'approche de lui doit croire… tout au long des écritures, de l'ancien au nouveau testament, nous constatons que l'un des principes majeurs du royaume consiste en la manière dont nous posons un acte et non en l'acte lui-même. Si nous prions sur un fond de peur ou de doute, ou d'inquiétude, nous hypothéquons l'exaucement de notre prière. Or la plupart du temps nous prions sur un mauvais fond à cause de l'impact que les situations difficiles ont sur nous. C'est en pourquoi en Ephésiens 6, il nous est recommandé de prendre le bouclier de la foi (nous y reviendrons dans le prochain chapitre).

Prier donc avec assurance, peu importe la situation qui se présente à nous ; cela est une clé majeure de l'efficacité dans la prière.

Tous ces exemples cités ci-dessus nous donnent un aperçu des différents éléments qui sont susceptibles de donner une grande efficacité à notre prière. Ce sont entre autres :

- La constance et la régularité
- La persévérance
- L'insistance
- La détermination et la résolution
- L'assurance ou la foi
- La prière argumentative
- La prière d'accord (Mat 18 :19)

Cette liste n'est pas nécessairement exhaustive, mais ce sont là des principes capitaux qui pourraient donner une forte impulsion à votre prière et la propulser dans un niveau magnifique d'efficacité.

*** Prière ***

Seigneur aide moi dans ta grâce à prier d'une manière efficace, car je sais que tel est ta volonté. Conduis moi je te prie dans cette dimension. Amen !

LA FOI DANS LA PRIERE

«Puis Jésus dit au centenier : va, qu'il te soit fait selon ta foi. Et à l'heure même le serviteur fut guéri».

Matthieu 8 : 13

«Or la foi est une ferme assurance des choses qu'on espère, une démonstration de celles qu'on ne voit pas ».

Hébreux 11 :1

« ... le juste vivra par la foi ».

Romains 1 :17

La foi est le fondement du message du christianisme. La bible dit en jean 3 : 16 que Dieu a tant aimé le monde, qu'il a donné son fils unique afin que quiconque croit en lui, ne périsse point mais qu'il ait la vie éternel. C'est donc le point de départ pour devenir enfant de Dieu, croire. Or, lorsque nous parlons de croire, dans le contexte de la bible, cela nous ramène à la foi.

La foi, c'est cette ferme assurance qui nous permet de posséder maintenant une chose qui n'est pas encore. Le principe de la foi, c'est : « je ne vois pas encore la chose, mais je crois que je la possède et je comporte comme tel dès maintenant ». D'aucun dirait, la foi c'est la main qui nous permet de saisir les réalités spirituelles et en faire des réalités matérielles.

Nous nous comprenons donc qu'aucune action spirituelle ne peut être menée sans le fondement de la foi. Car la foi est le moyen par lequel nous sommes sensé vivre. « Mon juste vivra par la foi », dis Dieu.

Si nous devons vivre par la foi, cela implique que nous devons prier avec foi. Ainsi, nous comprenons qu'il y'a une relation intime entre la prière et la foi et c'est exactement ce que nous voulons faire ressortir.

Considérons le texte d'hébreux 11 :6. « Or sans la foi il est impossible de lui être agréable ; car il faut que celui qui s'approche de Dieu croie que Dieu existe, et qu'il est le rémunérateur de ceux qui le cherchent ». Ce texte nous laisse comprendre qu'avant la prière, il y'a un prérequis, et c'est la foi. Sans laquelle il nous est impossible d'être agréable à Dieu. Si donc nous prions avec foi, nous sommes agréables à Dieu et si nous le sommes, notre prière l'est aussi. C'est pour cela que nous avons voulu dédier un chapitre de notre ouvrage à cet aspect sans lequel notre prière ne saurait plaire à Dieu et ne pourrait donc par conséquent pas être exaucée.

Il y'a donc une corrélation assez capitale entre la prière et la foi. Si bien qu'il est important de comprendre en quoi consiste le fait de prier avec foi.

Prier avec foi

« Jésus prit la parole et leur dit : ayez la foi de Dieu. Je vous le dis en vérité, si quelqu'un dit à cette montagne : ôte toi de là et jette toi dans la mer, et qu'il ne doute point en son cœur, mais croit que ce qu'il a dit arrive, ile le verra s'accomplir. C'est pourquoi je vous dis : tout ce que vous demanderez en priant, croyez que vous l'avez reçu, et vous le verrez s'accomplir ». Marc 11 : 22-24

A la lumière de ce que Jésus enseigna à ses disciples à propos de la prière de la foi, nous pouvons déduire trois étapes qui nous permettent d'exercer une prière de foi et d'obtenir des résultats miraculeux.

Première étape : prier avec autorité

Si nous abordons la prière avec un esprit défaitiste ou inquiet d'emblée, cela se ressent dans l'intonation de notre voix et laisse apparaitre notre manque d'assurance. Alors l'ennemi sait que nous sommes intimidé ; ce qui affaibli la teneur de notre prière. D'où la nécessité de prier avec assurance, en parlant comme un général donnant des ordres, surtout dans les cas de prières de combat spirituel, ou de proclamations. Priez comme ayant le droit de vous faire obéir, comme ayant une autorisation légale et non comme un mendiant quémandant une faveur.

Deuxième étape : Ne point douter dans son cœur

Il arrive parfois que des personnes prient ; mais à cause de la complexité de la situation qu'ils traversent, ils éprouvent un sentiment de doute. Même si ce doute n'est pas exprimé verbalement, l'attitude d'une personne est le meilleur moyen de déterminer si elle doute ou pas. Si nous prions pour une situation et que nous continuons à pleurer ou à paniquer face à cette situation, nous sommes en train d'exprimer du doute.

Or, le doute annule immédiatement la prière que nous faisons et la rend complètement inefficace. C'est pourquoi la bible déclare : « ne vous inquiétez de rien... », Philipiens 4 : 6. Car le doute implique l'inquiétude, la peur, la panique, l'agitation, le stress, l'affolement, la tristesse, etc. si donc vous priez et que malgré cela votre état d'esprit est semblable aux éléments cités ci-dessus, vous pouvez conclure que vous doutez. C'est pourquoi lorsque vous priez, bannissez tous ces sentiments et adoptez une attitude d'assurance et de certitude.

Troisième étape : croire

« Thomas lui dit : mon seigneur et mon Dieu ! Jésus lui dit : parce que tu m'a vu, tu as cru. Heureux ceux qui n'ont pas vu et qui ont cru ! »

Jean 20 : 28-29

Le reflexe des gens qui prient en général est d'attendre de voir la manifestation de la chose demandée avant de croire qu'ils ont été exaucé. En d'autre terme, si je prie pour demander un objet à Dieu, tant que je n'ai pas encore vu et reçu l'objet, je ne crois pas encore que je suis exaucé. Mais le jour où je la reçois, c'est alors que je crois et que je remercie Dieu.

Mais Jésus dis à ses disciples, si vous demandez une chose, croyez que vous l'avez reçu et vous la verrai s'accomplir. Donc le fait de croire n'est pas sensé être ultérieur à la matérialisation de la chose ; mais il est sensé être antérieure. On n'attend d'avoir avant de croire, mais au contraire, on croit avant d'avoir.

Ainsi donc la clé d'une prière faite avec foi, réside dans le fait de croire qu'on possède la chose demandée dès le moment où l'on a prié; et ce, même si on ne la voit pas encore. C'est cela le principe de la foi. Et cela est agréable à Dieu.

Ce qui précède nous conduit à conclure, qu'une prière effectuée sans le fondement de la foi, ne saurait trouver un écho favorable auprès du Seigneur.

« *Ainsi la foi vient de ce qu'on entend, et ce qu'on entend vient de la parole de Christ* ». Romains 10 : 17

Prière

Seigneur, vient au secours de ma foi. Afin que ma prière soit établie sur le fondement solide de la foi et puisse produire des résultats miraculeux. Amen !

LA PRIERE PARFAITE

« Vous demandez, et vous ne recevez pas, parce que vous demandez mal, dans le but de satisfaire vos passions ».

Jacques 4 : 3

« Jusqu'à présent vous n'avez rien demandé en mon nom. Demandez et vous recevrez, afin que votre joie soit parfaite ».

Jean 16 : 24

En tant qu'enfant de Dieu, la notion de perfection pour nous, est sensé renvoyer directement à Dieu car nous savons que rien, ni personne n'est parfait si ce n'est lui, Dieu. Ce qui vient de Dieu est donc parfait.

Si nous voulons, alors, faire une chose convenablement, nous devons rechercher à la faire tel que cela lui sied. Cela consiste à agir selon la volonté de Dieu, sa volonté parfaite.

Si donc nous prions selon la volonté parfaite de Dieu, nous exécutons une prière parfaite ; ce qui garantit son efficacité.

Comment donc devons-nous prier selon la volonté de Dieu ?

L'apôtre Jean nous en donne la réponse de la sorte : «nous avons auprès de lui cette assurance que si nous demandons quelque chose selon sa volonté, il nous écoute. Et si nous savons qu'il nous écoute, quelque chose que nous demandions, nous savons que nous possédons la chose que nous lui avons demandée», 1 Jean 5 : 14-15.

Ainsi, l'assurance de l'exaucement nous est garantie par le fait que nous prions selon sa volonté.

Le préalable donc, avant même de prier, est d'identifier et de comprendre la volonté de Dieu en rapport avec la chose pour laquelle nous voulons prier.

Identifier la volonté de Dieu

Une seule et unique boussole est mise à notre disposition pour connaitre et comprendre la volonté de Dieu : c'est la bible.

Il est dit à son propos en 1 Timothée 3 : 16, que toute écriture est inspirée par Dieu, et utile pour enseigner, pour convaincre, pour corriger, pour instruire dans la justice.

Si vous voulez trouver la volonté de Dieu, vous ne pouvez que la trouver dans la bible, et nulle part ailleurs. Car toute la vérité de Dieu y est consignée. Toute volonté exprimée qui n'est pas conforme avec les écritures n'est pas à prendre en compte.

Ainsi donc lorsque par exemple, vous voulez prier pour la guérison, vous devez chercher dans la bible la volonté de Dieu en ce qui concerne la guérison. Exode 15 :26 « je suis le Dieu qui te guérit », Psaumes 103 :3 « c'est lui qui pardonne toutes tes iniquités, et qui guérit toutes tes maladies », Ps 107 :20 « il envoya sa parole et les guérit », Actes 10 :38, etc.

Voilà autant de textes bibliques qui se rapportent à la guérison. Et il y'en a encore légion.

Ils constituent la preuve que cela est de la volonté parfaite de Dieu de guérir ses enfants. Non seulement il le veut, mais il en est capable. Mieux, il l'a déjà fait. C'est un acte déjà accomplie par l'action de Jésus à la croix. Car il est écrit : « lui qui a porté lui-même nos péchés en son corps sur le bois, afin que morts aux péchés nous vivions pour la justice ; lui par les meurtrissures duquel vous avez été guéris » 1 Pierre 2 :24.

Ainsi découvert la volonté parfaite de Dieu pour ce qui est de la guérison, nous voilà bien nanti pour prier convenablement.

Cet exercice doit s'appliquer à tous les domaines pour lesquels nous désirons prier.

Harmoniser vos désirs et vos motivations avec la parole (volonté parfaite) de Dieu

Une foi identifiée la volonté de Dieu, il faut vérifier que le désir qui vous pousse à prier soit en adéquation avec la pensée de Dieu. Car à la vérité, Dieu n'exauce pas nos désirs ; il n'exauce que sa volonté.

Imaginez un peu que Dieu exauce tous nos désirs…

Ça serait un désastre. Car les désirs du cœur de l'Homme, et ses motivations ne sont pas toujours sains et honorables.

Supposons que quelqu'un se mette à prier Dieu pour la mort de ses ennemis. Si Dieu devait accéder à de telles requêtes, ce serait tragique.

Quelqu'un pourrait contester ce que je dis en avançant que la bible déclare : « fait de l'Eternel tes délices et il te donnera ce que ton cœur désire » Psaumes 37 :4. Mais si vous avez un aperçue générale de la parole de Dieu, vous comprendrez que, faire de l'Eternel ses délices, consiste surtout et avant tout à faire ce qui est conforme à la volonté de Dieu. Si donc vous vous évertuez à faire ce qu'il désire, votre cœur en viendra à désirer ce que son cœur désire. Alors à ce moment en vous donnant ce que votre cœur désir, Dieu serait en fait d'accomplir tout simplement sa volonté dans votre vie, car c'est ce que votre cœur désirerait logiquement.

Comprenez donc que s'il n'y a pas adéquation entre vos requêtes, vos désirs et vos motivations et la parole ou la volonté parfaite de Dieu, ce serait quasiment impossible pour Dieu de vous exaucer. Car, et je veux le répéter, Dieu n'exauce uniquement que sa propre volonté.

Il faut donc vous assurer que vous êtes conforme à la volonté de Dieu dans vos requêtes, vos désirs, vos motivations. Alors vous avez le deuxième acquis indispensable pour une prière parfaite.

Prier la parole

Apres acquissions des deux étapes indispensables préalablement mentionnées, prenez la parole comme appuis et commencez à prier.

Renvoyez à Dieu ses propres paroles. Proclamez appropriez-vous de ce qu'il dit qu'il a déjà accompli, demandez l'accomplissement de ce qu'il promet, refusez ce qu'il refusé pour vous, admettez ce qu'il a admis pour vous, condamnez ce qu'il a condamné pour vous, demandez ce qu'il a dit que vous devez demander, etc.

Vous devez « prier la parole ». Qu'elle soit un rocher sur lequel vous prenez appuis pour vous élever vers les hauteurs divines.

Ensuite persévérez dans ce processus. N'arrêtez jamais de rappeler à Dieu sa parole dans vos prières, jusqu'à ce que vous voyiez celle-ci devenir une réalité dans votre vie.

N'acceptez aucune réalité qui soit contraire la parole de Dieu. Continuez de la proclamer et de la retransmettre à Dieu dans vos prières jusqu'à ce chaque réalité contraire soit modulée par la vérité de Dieu.

Apres application de ces principes, je peux vous garantir que votre vie de prière ne sera plus jamais la même. Et vous serez témoin de choses miraculeuses en réponse à vos prières.

Prière

Merci Seigneur pour cette instruction que tu me donne. Je veux la graver sur mon cœur et l'introduire dans ma mentalité dès ce jour. Afin de prier comme tu veux que je prie. Amen !

VAINCRE DANS LE SURNATUREL

« Car nous n'avons pas à lutter contre la chair et le sang, mais contre les dominations, contre les autorités, contre les princes de ce monde de ténèbres, contre les esprits méchants dans les lieux célestes ».

Éphésiens 6 : 12

« Car les armes avec lesquelles nous combattons ne sont pas charnelles ; mais elles sont puissantes, par la vertu de Dieu, pour renverser des forteresses ».

2 Corinthiens 10 : 4

Alors que nous abordons la dernière étape de cet ouvrage, nous sommes conduits par le Saint Esprit à clore en interpellant l'esprit des lecteurs sur une réalité incontestable de la marche chrétienne : il s'agit du combat spirituelle.

Si combat il y'a, c'est que la nécessité d'être armé s'impose. En ce qui nous concerne, vu que le combat n'est pas charnel, mais qu'il est spirituel, il va de soi que notre armement soit de type spirituel.

C'est pourquoi nous avons entamé ce livre en présentant la prière comme une arme, entre autres choses. Comprenez que vous ne pourrez pas remporter les batailles de votre vie chrétienne par vos propres moyens, si ce n'est par le moyen de la prière.

Un monde régi par le spirituel

Le diable a une stratégie majeure dans son combat contre les enfants de Dieu ; c'est de fermer l'esprit de ceux-ci aux réalités du monde spirituel et les maintenir dans l'ignorance. Or ce qui détruit le peuple de Dieu ce n'est pas la force de satan, mais c'est l'ignorance avant tout (Osée 4 :6).

Bien aimés, ne soyez pas dupes. Le monde dans lequel nous sommes est régi par le spirituel. Derrière la plupart des problèmes de ce monde, ou que nous vivons, se cache l'œuvre du royaume des ténèbres. Derrière la plupart des échecs, des maladies, des situations anormales, des dépressions, des angoisses, des misères, etc... se cache une œuvre diabolique visant à détruire les hommes.

Lisons ensemble deux textes de la bible qui nous aiderons à comprendre : 1 Samuel 17 :43 « *le philistin dit à David : suis-je un chien, pour que tu viennes à moi avec des bâtons ? Et après l'avoir maudit par ses Dieux...* ».

Esther 3 :7-11 « *au premier mois qui est le mois de Nisan, la douzième année du roi Assuérus, on jeta le sort devant Haman, pour chaque jour et pour chaque mois, jusqu'au douzième mois, qui est le mois d'Adar. Alors Haman dit au roi Assuérus : il y'a dans toutes les provinces de ton royaume un peuple dispersé et à part parmi les peuples, ayant des lois différentes de celles de tous les peuples et n'observant point les lois du roi. Il n'est pas dans l'intérêt du roi de le laisser en repos. Si le roi le trouve bon, qu'on écrive l'ordre de les faire périr ; et je pèserai dix mille talents d'argent entre les mains des fonctionnaires, pour qu'on les porte dans le trésor du roi. Le roi ôta son anneau de la main, et le remis à Haman, fils d'Hammedatha, l'Agaguite, ennemi des juifs. Et le roi di à Haman : l'argent t'es donné, et ce peuple aussi ; fais en ce que tu voudras* ».

Dans le premier texte, on retrouve David, le jeune adolescent de dix-sept ans, face à Goliath, le géant de plus de trois mètres cinquante. Mais chose surprendre, c'est que malgré le gabarit impressionnant de Goliath, il se mit d'abord à maudire David au nom de ses Dieux avant d'engager la bataille. Humainement parlant il était largement avantagé face à David, car il était expérimenté à la guerre et puissant physiquement ; mais Goliath étant fils d'une tribu idolâtre connaissait la puissance du spirituel sur le naturel. C'est pourquoi malgré sa force musculaire, il engagea d'abord la bataille spirituellement en priant ses Dieu de maudire David. Mais la suite du texte nous montre que David répliqua en invoquant l'Eternel. Ainsi donc ces deux hommes ont d'abord livré les hostilités spirituellement. Ce qui s'est passé dans le naturel n'était rien d'autre que la conséquence directe de la bataille spirituelle. David le minuscule jeune homme vainquit le géant Goliath, simplement parce que son Dieu avait vaincu pour lui dans le surnaturel.

Considérons à présent, la seconde portion de la bile, que nous avons sélectionnée. Nous voyons un personnage dénommé Haman qui est présenté comme l'ennemi des juifs. Ce dernier possédant de toute évidence une haute position auprès du roi, va le voir, et lui parles négativement des juifs, tout en émettant la proposition de les exterminer. Mais avant de poser cette action, nous voyons qu'il prendra toute une année à jeter le sort, donc à faire des consultations mystiques et à recourir aux sciences occultes. Le roi comme hypnotisé n'émit aucune objection, ni ne posa aucune question, ce qui est tout à fait surprenant comme attitude de la part d'un roi. Et il donna à Haman les pleins pouvoirs pour accomplir sa sale besogne.

Comprenez chers frères et sœur que ce roi ne pouvait qu'accepter car il avait déjà été soumis spirituellement pas son collaborateur Haman. Ce dernier quoi qu'il fut hautement placé auprès du roi et détenant un grand pouvoir politique, savait que malgré ces possibilités humaines, il devait remporter la victoire dans le spirituelle, pour ne rencontrer aucun obstacle phtisique. Il serait arrivé à ses fins, s'il n'avait pas rencontré une autre force spirituelle plus grande, mis en œuvre par Mardochée et Esther, au travers du jeune et de la prière.

Ne demeurons pas dans l'ignorance ; nos gouvernements, nos familles, nos nations et même notre monde, sont tenu par des forces surnaturelles et nous devons nous lever dans même sphère, pour renverser les forteresses du diable et remporter la victoire dans le surnaturelle.

Vous êtes malades, levez-vous et opérez dans le surnaturel, vous constatez trop de luttes et de blocages majeurs dans vos, vous constatez pleins de situations anormales et inexplicables, vous atteindre des objectifs importants dans vos : LEVEZ VOUS ET OPEREZ DANS LE SURNATUREL PAR LA PRIERE.

La prière est une arme puissante qui vous permet d'aller chercher une victoire dans le monde spirituel et de la vivre dans le naturel. Vous n'êtes pas obligé de subir ; vous pouvez changer les choses, remporter la victoire, par la prière.

Prière

Je te bénis Saint Esprit d'ouvrir mes yeux sur la réalité du monde spirituel. Je veux me lever à partir de maintenant et affronter chacun de mes combats par la prière, et remporter la victoire dans le surnaturelle ; afin de voir mon monde transformé.
Amen !

CONCLUSION

« La terre, d'où sort le pain, est bouleversée dans ses entrailles comme par le feu. Ses pierres contiennent du saphir, et l'on y trouve de la poudre d'or. L'oiseau de proie n'en connait pas le sentier, l'œil du vautour ne l'a point aperçu ; les plus fiers animaux ne l'ont point foulé, le lion n'y a jamais passé ». J

ob 28 :5-8

La prière ; On ne finira jamais d'en parler. Plusieurs ouvrages ont déjà paru à ce sujet. Mais dans chaque saison, Dieu suscite des personnes pour tirer à nouveau la sonnette d'alarme, afin de mobiliser les troupes du royaume, et réveiller la conscience des enfants de Dieu.

Car Dieu a besoin que les hommes prient, pour qu'il puisse opérer sur la terre.

Bien aimés, ne laissons plus l'avantage à l'ennemi. Dieu place dans nos mains, la capacité de produire de grands changements, d'impacter ce monde et d'établir le règne de Dieu.

Puisse Dieu vous conduire dans des sentiers encore inexploré de la prière, pour vivre une aventure merveilleuse d'exaucement tout le long de notre vie sur terre. Afin que vous puissiez déclarer comme Jésus : « pour moi, je sais que tu m'exauces toujours » Jean 11 :42.

Tables des Matières

Dédicaces 3

INTRODUCTION 4

LE CONCEPT DE LA PRIERE 7

    Un moyen de communication 7

    Connexion avec Dieu 8

LES DIFFERENTS TYPES DE PRIERE 10

    La prière de demande ou requête 10

    La prière de remerciement ou d'action de grâce 11

    La prière de repentance 11

    La prière de louange 11

    La prière d'adoration 11

    La prière d'intercession 11

    La prière de combat spirituel 12

    La prière de supplication 12

LES DIFFERENTS NIVEAU DE LA PRIERE 13

    Le premier niveau 13

    Le deuxième niveau 13

    Le troisième niveau de la prière 14

LA PLACE DU SAINT-ESPRIT DANS LA PRIERE 16

Inspiré par le Saint Esprit..16

Equipé par le Saint Esprit..16

Prier dans la volonté du père...17

POURQUOI DEVONS NOUS PRIER/ JESUS ET LA PRIERE..................18

La prière, une arme de choix...20

L'EFFICACITE DANS LA PRIERE...22

Le cas d'Elie 22

Le cas de Daniel 23

Le cas d'Anne..24

Le cas de la veuve en Luc 18 24

Le cas de Jésus..25

LA FOI DANS LA PRIERE..27

Prier avec foi...28

Première étape : prier avec autorité..28

Deuxième étape : Ne point douter dans son cœur..........................29

Troisième étape : croire...29

LA PRIERE PARFAITE...31

Identifier la volonté de Dieu...32

Harmoniser vos désirs et vos motivations avec la parole (volonté parfaite) de Dieu
....33

Prier la parole..34

VAINCRE DANS LE SURNATUREL..35

   Un monde régi par le spirituel...35

   CONCLUSION...39

Oui, je veux morebooks!

I want morebooks!

Buy your books fast and straightforward online - at one of the world's fastest growing online book stores! Environmentally sound due to Print-on-Demand technologies.

Buy your books online at
www.get-morebooks.com

Achetez vos livres en ligne, vite et bien, sur l'une des librairies en ligne les plus performantes au monde!
En protégeant nos ressources et notre environnement grâce à l'impression à la demande.

La librairie en ligne pour acheter plus vite
www.morebooks.fr

OmniScriptum Marketing DEU GmbH
Heinrich-Böcking-Str. 6-8
D - 66121 Saarbrücken
Telefax: +49 681 93 81 567-9

info@omniscriptum.com
www.omniscriptum.com

www.ingramcontent.com/pod-product-compliance
Lightning Source LLC
Chambersburg PA
CBHW031244160426
43195CB00009BA/595